Seite	Rezept

Tipps & Tricks

1. Für die Rezepte wurden ausschließlich Nudeln der Marke Barilla verwendet. Wir haben durch verschiedene Tests hiermit die besten Ergebnisse erzielt.

   Bitte verwenden Sie, um genau die Ergebnisse wie im Buch zu erzielen die angegebene Sorte. Wenn Sie z.B. Fussili durch Penne Rigate tauschen, kann es sein, dass zu viel Soße übrig bleibt, weil die Nudeln anders “saugen”.

   In den Zutaten wurde oft Kochsahne mit 50% weniger Fett (z.B. von Weihenstephan) verwendet. Alternativ können Sie Schlagsahne verwenden oder Sahne zur Hälfte mit Milch mischen, um Kalorien zu sparen.

2. Bitte beachten Sie, dass es sich bei den Angaben um Portionen, nicht Personen handelt. 3 Portionen reichen für 2 gute Esser.

3. Die fertige Pasta bitte immer sofort umfüllen und servieren, da durch längeres Stehen die Nudeln noch nachziehen und dadurch weicher und trockener werden.

4. Wenn Sie Reste z.B. am nächsten Tag aufwärmen möchten, bitte beim Erhitzen noch mal etwas Flüssigkeit zugeben, z.B. flüssige Gemüsebrühe, Milch, Sahne... Je nachdem, welche Flüssigkeit im Rezept als Soßenbasis verwendet wurde.

5. Wenn Sie das Modell TM31 haben, verwenden Sie statt 120°C -> Varoma. Bei der Gradzahl 98°C verwenden Sie 100°C.

Spaghetti oder Bavette wickeln sich unweigerlich um das Messer. Hier ein Trick, wie Sie die Spaghetti ganz leicht aus dem Mixtopf bekommen:

Topf kopfüber über eine große Schüssel stellen und Mixtopffuß öffnen. Das Messer fällt in die Schüssel und kann leicht entnommen werden. Achtung heiß!

Maccheroni MILANESE

Mit Speck, Schinken & Champignons

KURZE MACCHERONI N.44
(Kochzeit 7 Min.)

ZUTATEN

50 g	Le Gruyère (Käse)
50 g	Champignons
100 g	Kochschinken
2	Knoblauchzehen
20 g	Butter
50 g	Speckwürfel
350 g	Wasser, lauwarm
60 g	Sahne
3 EL	Sherry*
½ TL	Salz
¼ TL	Pfeffer, gem.
1 Msp.	Muskat, gem.
250 g	kurze Maccheroni (Kochzeit 7 Min.)
15 g	Tomatenmark

**alkoholfreie Variante:*
1 TL Sojasauce + 3 EL Wasser

ZUBEREITUNG

Käse in den Mixtopf geben und **5 Sek./Stufe 5** zerkleinern. In eine große Schüssel umfüllen. Champignons in Scheiben schneiden, Schinken in Würfel schneiden. Beiseitestellen.

Knoblauch im Mixtopf **5 Sek./Stufe 5** zerkleinern und mit dem Spatel nach unten schieben. Butter und Speck zugeben und **3 Min./120°C/ ⟲ /Sanftrührstufe** dünsten.

Wasser, Sahne, Sherry, Gewürze und Champignonscheiben mit in den Mixtopf geben. Alles **4 Min./100°C/ ⟲ /Sanftrührstufe** aufkochen.

Nudeln und Tomatenmark zugeben und **8 Min./98°C/ ⟲ /Stufe 0.5** kochen. Schinkenwürfel zugeben, mit dem Spatel untermischen und erneut **1 Min./98°C/ ⟲ /Stufe 0.5** erhitzen. Sofort in die große Schüssel zum Käse umfüllen, vermengen und servieren.

Pro Portion: 596 kcal | 63 g KH | 27 g EW | 25 g Fett

4 PORT.
Tortiglioni
BOLOGNESE
Mit halb-
getrockneten
Tomaten

ZUTATEN

1	Knoblauchzehe
½	rote Zwiebel
60 g	Karotte
250 g	Hackfleisch, gemischt
etwas	Salz & Pfeffer
20 g	Öl
30 g	Tomatenmark
570 g	Wasser, lauwarm
100 g	passierte Tomaten
1 TL	Gemüsebrühpulver
1 TL	Salz
¼ TL	Pfeffer, gem.
1 TL	ital. Kräuter, getr.
300 g	Tortiglioni (Kochzeit 12 Min.)
1 Glas	halbgetrocknete Tomaten, in Marinade (Abtr.gew. 300 g)*
2-3 EL	geriebener Parmesan

1 kl. Handvoll Petersilie, grob gehackt

**Variante:*
250 g Cocktailtomaten, geviertelt

TORTIGLIONI N.83
(Kochzeit 12 Min.)

ZUBEREITUNG

Knoblauch, Zwiebel und Karotte in Stücken in den Mixtopf geben und **5 Sek./Stufe 5** zerkleinern. Umfüllen. Hackfleisch mit Salz und Pfeffer würzen. Zuerst nur das Öl in den Mixtopf geben und **1 Min./Varoma/Stufe 1** erhitzen. Hackfleisch, Tomatenmark und zerkleinertes Karotten-Zwiebel-Knoblauch-Gemisch zugeben und **2 Min./Varoma/ ⟲ /Sanftrührstufe** garen.

Wasser, passierte Tomaten, Gemüsebrühpulver sowie Gewürze zugeben und **5 Min./100°C/ ⟲ /Sanftrührstufe** aufkochen.

Nudeln zugeben und **11 Min./100°C/ ⟲ /Sanftrührstufe** kochen.

Nudeln sofort (vorsichtig!) aus dem Topf nehmen und in eine Schüssel umfüllen. Abgesiebte getrocknete Tomaten, Parmesan sowie Petersilie unterheben und servieren.

Pro Portion: 723 kcal | 66 g KH | 28 g EW | 36 g Fett

3 PORT.

Paprikapasta

MIT RICOTTA

Mit Oliven in cremiger Soße

ZUTATEN

1 kl. Handvoll Basilikumblätter	
1 kl. Handvoll Petersilie	
½	rote Paprika (100 g)
15 g	Öl
450 g	Wasser, lauwarm
100 g	passierte Tomaten
1 TL	Balsamicoessig, dunkel
1 TL	Salz
½ TL	Pfeffer, gem.
1 TL	ital. Kräuter, getr.
1 TL	Paprikapulver, rosenscharf
250 g	Pennette Rigate Integrale (Vollkorn) (Kochzeit 9 Min.)
30-40 g	grüne Oliven, entsteint
100 g	Ricotta
2-3 EL	geriebener Parmesan

PENNETTE RIGATE
Integrale (Vollkorn)
(Kochzeit 9 Min.)

Statt den Vollkornnudeln können Sie auch Penne Rigate n.73 verwenden. Da die Kochzeit 11 Min. beträgt, bitte auf 12 Min. Garzeit verlängern.

ZUBEREITUNG

Kräuter grob hacken und beiseitestellen. Paprika in kleine Würfel schneiden und in den Mixtopf geben. Öl zugeben und **2 Min./120°C/ ↺ /Stufe 0.5** dünsten.

Wasser, passierte Tomaten, Balsamico und Gewürze zugeben und **5 Min./120°C/ ↺ /Stufe 0.5** aufkochen.

Nudeln zugeben und **10 Min./98°C/ ↺ /Sanftrührstufe** kochen. In der Zwischenzeit Oliven halbieren und Kräuter klein schneiden.

Nach Ablauf der Zeit Oliven, Kräuter und Ricotta mit in den Mixtopf geben, mit dem Spatel kurz vermengen und noch einmal **1 Min./98°C/ ↺ /Sanftrührstufe** erhitzen. Sofort in die große Schüssel umfüllen und mit Parmesan vermengen.

Pro Portion: 493 kcal | 63 g KH | 19 g EW | 17 g Fett

3 PORT.

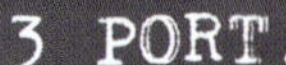

Pennette Rigate
CON NOCI

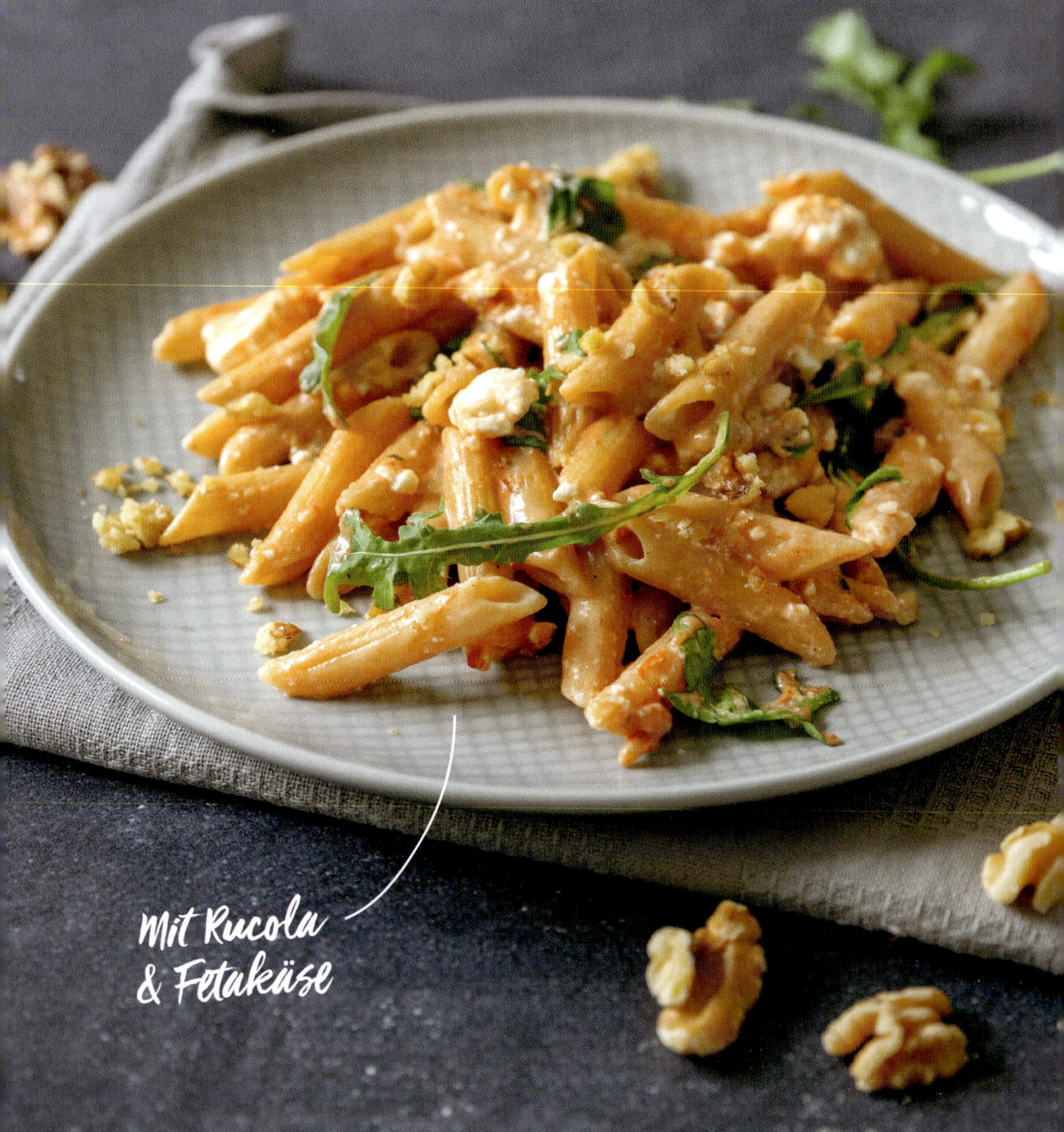
Mit Rucola
& Fetakäse

ZUTATEN

1	Knoblauchzehe
500 g	Wasser, lauwarm
¾ TL	Salz
1 TL	Öl
¾ TL	Gemüsebrühpulver
250 g	Pennette Rigate Integrale (Vollkorn) (Kochzeit 9 Min.)
150 g	Fetakäse
25 g	Walnusskerne
1 Bund	Rucola
30 g	Doppelrahmfrischkäse
20 g	Tomatenmark
30 g	Sahne
1 Msp.	Pfeffer, gem.
1 Spritzer	Zitronensaft

PENNETTE RIGATE
Integrale (Vollkorn)
(Kochzeit 9 Min.)

ZUBEREITUNG

Knoblauch in den Mixtopf geben und **5 Sek./Stufe 5** zerkleinern. Wasser, Salz, Öl und Gemüsebrühpulver zugeben und **4:30 Min./100°C/Stufe 1** aufkochen.

Nudeln zugeben und **10 Min./98°C/ ⟲ /Sanftrührstufe** kochen. In der Zwischenzeit Fetakäse mit den Händen zerbröseln und in eine große Schüssel geben. Walnüsse grob hacken, Rucola putzen und beides unter den Feta mischen.

Nach Ablauf der Zeit Frischkäse, Tomatenmark, Sahne sowie Pfeffer und Zitronensaft mit in den Mixtopf geben, mit dem Spatel kurz vermengen und noch einmal **1 Min./98°C/ ⟲ /Sanftrührstufe** erhitzen.

Sofort in die große Schüssel umfüllen und mit Rucola, Fetakäse und Walnüssen vermengen.

Pro Portion: 575 kcal | 59 g KH | 22 g EW | 27 g Fett

4-5 PORT.

Spaghetti ALLA PANNA

In Schinken-Sahne-Soße

Da sich wenig Flüssigkeit im Mixtopf befindet, beträgt die Garzeit der Spaghetti tatsächlich 15 Min.!

ZUTATEN

75 g	Parmesan, in Stücken
1	Knoblauchzehe
1 EL	Öl
800 g	Wasser, lauwarm
1 TL	Salz
350 g	Spaghetti (Kochzeit 9 Min.)
200 g	Kochschinken
150 g	Sahne
¼ TL	Muskat, gem.
½ TL	Pfeffer, gem.

SPAGHETTI N.5
(Kochzeit 9 Min.)

ZUBEREITUNG

Parmesan im Mixtopf **10 Sek./Stufe 7** reiben. In eine große Schüssel umfüllen. Knoblauch in den Mixtopf geben und **5 Sek./Stufe 5** zerkleinern. Öl zugeben und **2 Min./120°C/Stufe 1** dünsten. Wasser und Salz zugeben und **6 Min./100°C/Stufe 1** aufkochen.

Nun den Messbecher abnehmen. Waage aktivieren und Spaghetti durch das Deckelloch einwiegen. **15 Min./100°C/ ⟲ /Sanftrührstufe** einstellen und starten. Spaghetti immer wieder vorsichtig nachschieben, bis sie im Mixtopf verschwunden sind. Dann Messbecher wieder einsetzen und weiter garen. In der Zwischenzeit Schinken in Würfel schneiden.

Nach Garzeitende Schinkenwürfel, Sahne, Muskat und Pfeffer zugeben und erneut **1 Min./100°C/ ⟲ /Sanftrührstufe** garen. Das Ganze nun in die Schüssel zum Parmesan umfüllen und sofort vermengen. Noch einmal mit etwas Pfeffer abschmecken, auf Tellern anrichten und servieren.

Pro Portion bei 4: 576 kcal | 64 g KH | 28 g EW | 22 g Fett

4 PORT.

Erbsen-Lachs-PASTA

ZUTATEN

20 g	Parmesan
515 g	Wasser, lauwarm
20 g	Zitronensaft, frisch gepresst
75 g	Sahne
1 TL	Gemüsebrühpulver
1 TL	Öl
100 g	Erbsen, TK
300 g	Girandole (Kochzeit 6 Min.)
100 g	Crème fraîche
1 TL	Salz
¼ TL	Pfeffer, gem.
¼ TL	Muskat, gem.
etwas	Dill, frisch gehackt
150 g	Lachs, geräuchert

GIRANDOLE N.34
(Kochzeit 6 Min.)

ZUBEREITUNG

Parmesan im Mixtopf **10 Sek./Stufe 7** reiben. In eine große Schüssel umfüllen.

Wasser, 10 g Zitronensaft, Sahne, Gemüsebrühpulver, Öl und Erbsen in den Mixtopf geben und **7 Min./100°C/ ⟲ /Stufe 0.5** aufkochen.

Nudeln zugeben und **6 Min./100°C/ ⟲ /Sanftrührstufe** kochen.
In der Zwischenzeit Lachs klein schneiden und zum Parmesan geben.

Nach Garzeitende Crème fraîche, 10 g Zitronensaft, Gewürze und Dill zugeben, kurz mit dem Spatel vermengen und erneut **1 Min./100°C/ ⟲ /Sanftrührstufe** erhitzen.

Zu Parmesan und Lachs in die Schüssel geben, gut vermengen und servieren.

Pro Portion: 521 kcal | 59 g KH | 21 g EW | 21 g Fett

4 PORT.

Gobbetti RUSTICA

Mit Brokkoli und Cabanossi

Tipp: Bestreuen Sie die Nudeln vor dem Servieren mit Chiliflocken.

ZUTATEN

100 g	Brokkoli
1	rote Zwiebel (60 g)
25 g	Öl
750 g	Wasser, lauwarm
1 EL	Gemüsebrühpulver
1 TL	Paprikapulver, rosenscharf
¼ TL	Pfeffer, gem.
350 g	Gobbetti (Kochzeit 8 Min.)
100 g	Kochsahne, 50% weniger Fett
50 g	Doppelrahmfrischkäse
1 TL	Zitronensaft
1	Cabanossi (75 g)*

GOBBETTI N.51
(Kochzeit 8 Min.)

*Statt Cabanossi können Sie auch Speckwürfel oder Schinkenwürfel verwenden.

ZUBEREITUNG

Brokkoli in ganz kleine Röschen teilen und Zwiebel in grobe Würfel schneiden. Zusammen mit dem Öl in den Mixtopf geben und **5 Min./120°C/Sanftrührstufe** dünsten.

Wasser, Gemüsebrühpulver, Paprikapulver und Pfeffer zugeben und **5 Min./100°C/ ↺ /Stufe 0.5** aufkochen.

Nudeln zugeben und **8 Min./100°C/ ↺ /Stufe 0.5** kochen. In der Zwischenzeit Cabanossi der Länge nach halbieren und in Scheiben schneiden.

Sahne, Frischkäse, Zitronensaft und Cabanossi zugeben. Mit dem Spatel grob vermengen und erneut **2 Min./100°C/ ↺ /Stufe 1** kochen. Sofort umfüllen und ggf. noch mit Salz abschmecken.

Pro Portion: 533 kcal | 67 g KH | 18 g EW | 21 g Fett

3 PORT.

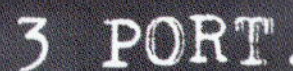

Spaghetti VULCANO

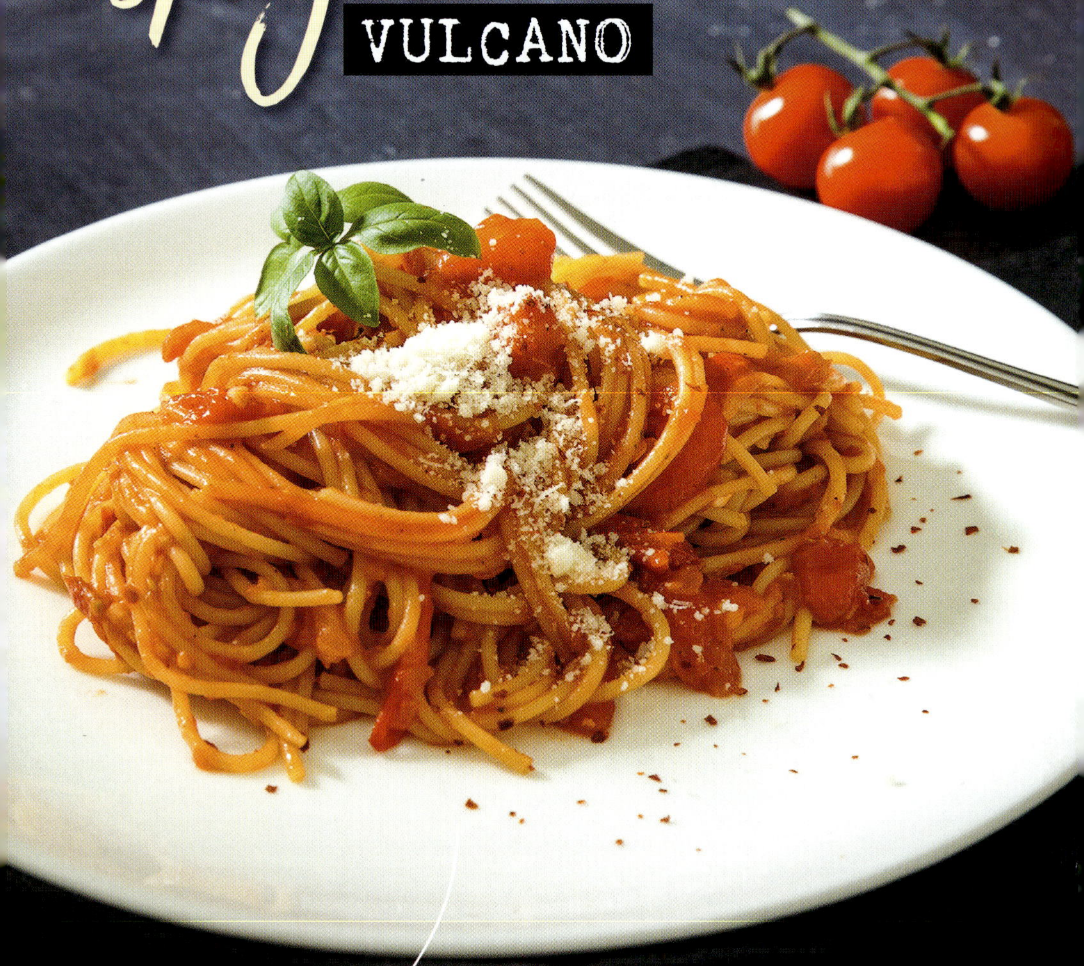

lecker pikant

Da sich wenig Flüssigkeit im Mixtopf befindet, beträgt die Garzeit der Spaghetti tatsächlich 15 Min.!

ZUTATEN

2	Knoblauchzehen
1	rote Zwiebel, halbiert
500 g	Wasser, lauwarm
1 TL	Öl
280 g	stückige Tomaten (Dose)
1 TL	Gemüsebrühpulver
1 TL	Salz
¼ TL	Pfeffer, gem.
1 EL	ital. Kräuter, getr.
1 TL	Chiliflocken
2 Msp.	Cayennepfeffer
280 g	Spaghetti (Kochzeit 9 Min.)
200 g	Cocktailtomaten
40 g	Tomatenmark

ZUBEREITUNG

Knoblauch und Zwiebel in den Mixtopf geben und **5 Sek./Stufe 5** zerkleinern. Wasser, Öl, stückige Tomaten, Gemüsebrühpulver und Gewürze zugeben und **6 Min./100°C/ /Stufe 1** aufkochen.

Nun den Messbecher abnehmen. Waage aktivieren und Spaghetti durch das Deckelloch einwiegen. **10 Min./100°C/ /Sanftrührstufe** einstellen und starten. Sobald die Spaghetti im Mixtopf verschwunden sind, Messbecher wieder einsetzen. In der Zwischenzeit Cocktailtomaten in Scheiben schneiden.

Nach Garzeitende Cocktailtomaten zugeben und weitere **5 Min./100°C/ /Sanftrührstufe** garen.

Tomatenmark zugeben und erneut **1 Min./100°C/ /Sanftrührstufe** erhitzen. In eine Schüssel umfüllen, vermengen und noch einmal mit Chiliflocken nach gewünschter Schärfe abschmecken.

Pro Portion: 426 kcal | 78 g KH | 16 g EW | 5 g Fett

4 PORT.

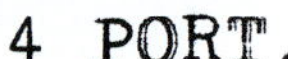

Bavette
GAMBERETTI

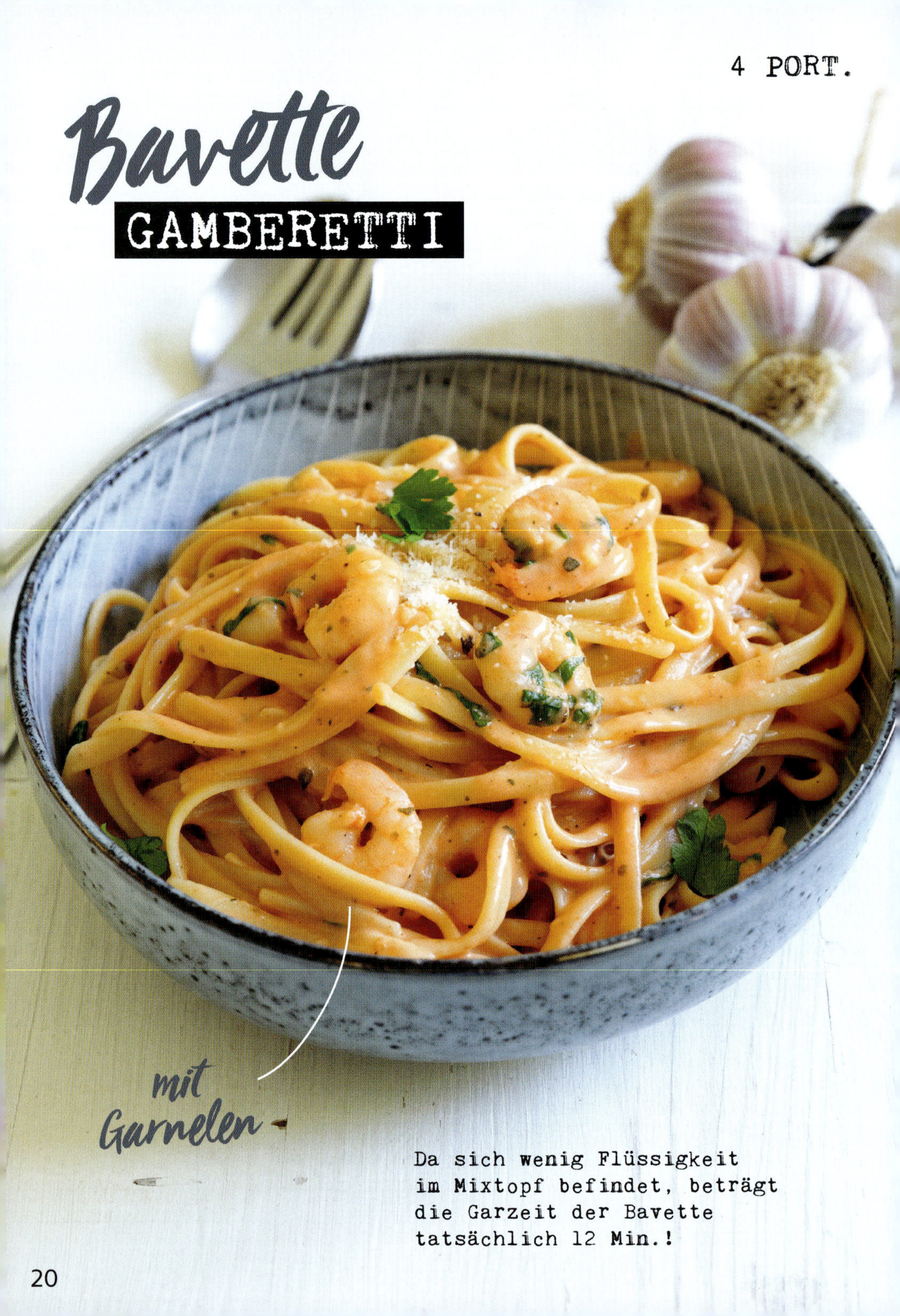

mit Garnelen

Da sich wenig Flüssigkeit im Mixtopf befindet, beträgt die Garzeit der Bavette tatsächlich 12 Min.!

ZUTATEN

60 g Parmesan, in Stücken
1 Handvoll Petersilie, grob gehackt
2 Knoblauchzehen
800 g Wasser, lauwarm
1 EL Öl
1 TL Gemüsebrühpulver
2 TL Salz
300 g Bavette (Kochzeit 8 Min.)
40 g Tomatenmark
200 g Garnelen, geschält, gekocht
30 g Kochsahne, 50% weniger Fett
50 g Mascarpone
1 TL Zitronensaft
¼ TL Pfeffer, gem.
1 TL Zucker
1 EL ital. Kräuter, getr.

BAVETTE N.13
(Kochzeit 8 Min.)

ZUBEREITUNG

Parmesan im Mixtopf **10 Sek./Stufe 7** reiben. In eine große Schüssel umfüllen. Petersilie grob hacken und zum Parmesan geben.

Knoblauch in den Mixtopf geben und **5 Sek./Stufe 6** zerkleinern. Wasser, Öl, Gemüsebrühpulver und 1 TL Salz zugeben und **6 Min./100°C/Stufe 1** aufkochen.

Nun den Messbecher abnehmen. Waage aktivieren und Bavette durch das Deckelloch einwiegen. **12 Min./100°C/ ⟲ /Stufe 0.5** einstellen und starten. Sobald die Nudeln im Mixtopf verschwunden sind, Tomatenmark zugeben und Messbecher wieder einsetzen. Weiter garen.

Nach Garzeitende noch einmal 1 TL Salz sowie restliche Zutaten zugeben und **2 Min./100°C/ ⟲ /Stufe 0.5** vermengen.
Zu Parmesan und Petersilie in die Schüssel geben, gut vermengen und servieren.

Pro Portion: 473 kcal | 59 g KH | 25 g EW | 14 g Fett

3 PORT.

Pasta VERDURA

Vegan!

ZUTATEN

1	Knoblauchzehe
1	rote Zwiebel, halbiert
180 g	Zucchini
100 g	Paprika (rot o. gelb)
125 g	Cocktailtomaten
1 Dose	geschälte Tomaten, im Saft (400 g)
400 g	Wasser, lauwarm
2 Spr.	Limettensaft
1 TL	Balsamicoessig, dunkel
1 EL	Gemüsebrühpulver
½ TL	Salz
¼ TL	Pfeffer, gem.
1 TL	Majoran, getr.
½ TL	Rosmarinpulver
200 g	Girandole (Kochzeit 6 Min.)

GIRANDOLE N.34
(Kochzeit 6 Min.)

ZUBEREITUNG

Knoblauch und Zwiebel im Mixtopf **5 Sek./Stufe 5** zerkleinern. Zucchini der Länge nach vierteln und in 5 mm dicke Scheiben schneiden. Paprika in Streifen schneiden. Cocktailtomaten vierteln. Geschälte Tomaten in eine Schüssel umfüllen und mit einem Messer grob zerschneiden.

Gemüse und Tomaten zusammen mit dem Wasser, Limettensaft, Balsamico und Gewürzen zugeben und **10 Min./100°C/ ↺ /Sanftrührstufe** kochen.

Nudeln zugeben und **7 Min./100°C/ ↺ /Sanftrührstufe** kochen. Umfüllen und sofort servieren. Ggf. mit Salz und Pfeffer noch einmal abschmecken.

Pro Portion: 333 kcal | 61 g KH | 13 g EW | 2 g Fett

4 PORT.

Hähnchen Fajita PASTA

Tipp: Wer es gerne pikant bis scharf liebt, der würzt zum Schluss mit Cayennepfeffer oder Chilipulver nach.

FUSILLI N.98
(Kochzeit 8 Min.)

ZUTATEN

75 g Cheddarkäse, gerieben
1 Handvoll Petersilie, grob gehackt
1 Knoblauchzehe
25 g Erdnussöl
270 g Hähnchenbrust
1 TL Paprikapulver, edelsüß
½ TL Salz
¼ TL Pfeffer, gem.
1 rote Zwiebel (80-100 g)
2 kl. Paprika (à 80 g)
600 g Wasser, lauwarm
1 TL Gemüsebrühpulver
1 TL Salz
1 TL Paprikapulver, rosenscharf
200 g Fusilli (Kochzeit 8 Min.)
50 g Kochsahne, 50% weniger Fett
40 g Tomatenmark
½ TL Currypulver
etwas Limettensaft

ZUBEREITUNG

Cheddarkäse und Petersilie in eine große Schüssel geben. Knoblauch **5 Sek./Stufe 5** zerkleinern. Öl zugeben. Hähnchenbrust in kleine Würfel schneiden und zusammen mit Paprikapulver, Salz und Pfeffer zugeben. Das Ganze nun **5 Min./120°C/ ↺ /Sanftrührstufe** garen. Fleisch umfüllen und Mixtopf spülen.

Zwiebel halbieren und in 5 mm dicke Scheiben schneiden. Paprika in Streifen schneiden. Zusammen mit Wasser, Gemüsebrühpulver, Salz und Paprikapulver in den Mixtopf geben und **6 Min./100°C/ ↺ /Sanftrührstufe** aufkochen.

Nudeln und Sahne zugeben und **11 Min./100°C/ ↺ /Sanftrührstufe** kochen.

Fleisch, Tomatenmark und Curry zugeben und erneut **2 Min./100°C/ ↺ /Stufe 0.5** kochen. Mit dem Spatel noch einmal vorsichtig durchrühren und zum Cheddar in die Schüssel geben. Die heiße Pasta sofort mit dem Käse vermengen, mit etwas Limettensaft beträufeln und servieren.

Pro Portion: 452 kcal | 48 g KH | 27 g EW | 16 g Fett

4 PORT.

Rigatoni EMILIANA

Mit Schinken und Erbsen

ZUTATEN

1	Knoblauchzehe
1	Zwiebel, halbiert
1 EL	Öl
80 g	Erbsen, TK
600 g	Wasser, lauwarm
30 g	Tomatenmark
50 g	Kochsahne, 50% weniger Fett
1 TL	Gemüsebrühpulver
1 TL	Salz
½ TL	Pfeffer, gem.
1 TL	Majoran, getr.
½ TL	Thymian, getr.
1 TL	ital. Kräuter, getr.
100 g	Kochschinken
330 g	Penne Rigate (Kochzeit 11 Min.)
60 g	Schmand

PENNE RIGATE N.73
(Kochzeit 11 Min.)

ZUBEREITUNG

Knoblauch und Zwiebel im Mixtopf **5 Sek./Stufe 5** zerkleinern. Mit dem Spatel nach unten schieben. Öl zugeben und **3 Min./120°C/Stufe 1** dünsten.

Erbsen, Wasser, Tomatenmark, Sahne und Gewürze zugeben und **6 Min./100°C/ /Stufe 0.5** kochen. In der Zwischenzeit Schinken in Würfel schneiden und beiseitelegen.

Nudeln zugeben und **11 Min./98°C/ /Sanftrührstufe** kochen.

Danach Schinkenwürfel und Schmand zugeben und mit dem Spatel etwas vermengen (vorsichtig!). Noch einmal **1 Min./90°C/ /Stufe 0.5** erhitzen. In eine Schüssel umfüllen und ggf. mit etwas Salz noch abschmecken. Sofort servieren.

Pro Portion: 445 kcal | 67 g KH | 17 g EW | 10 g Fett

4 PORT.

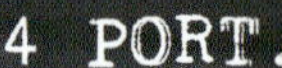

Spaghetti CARRETTIERA

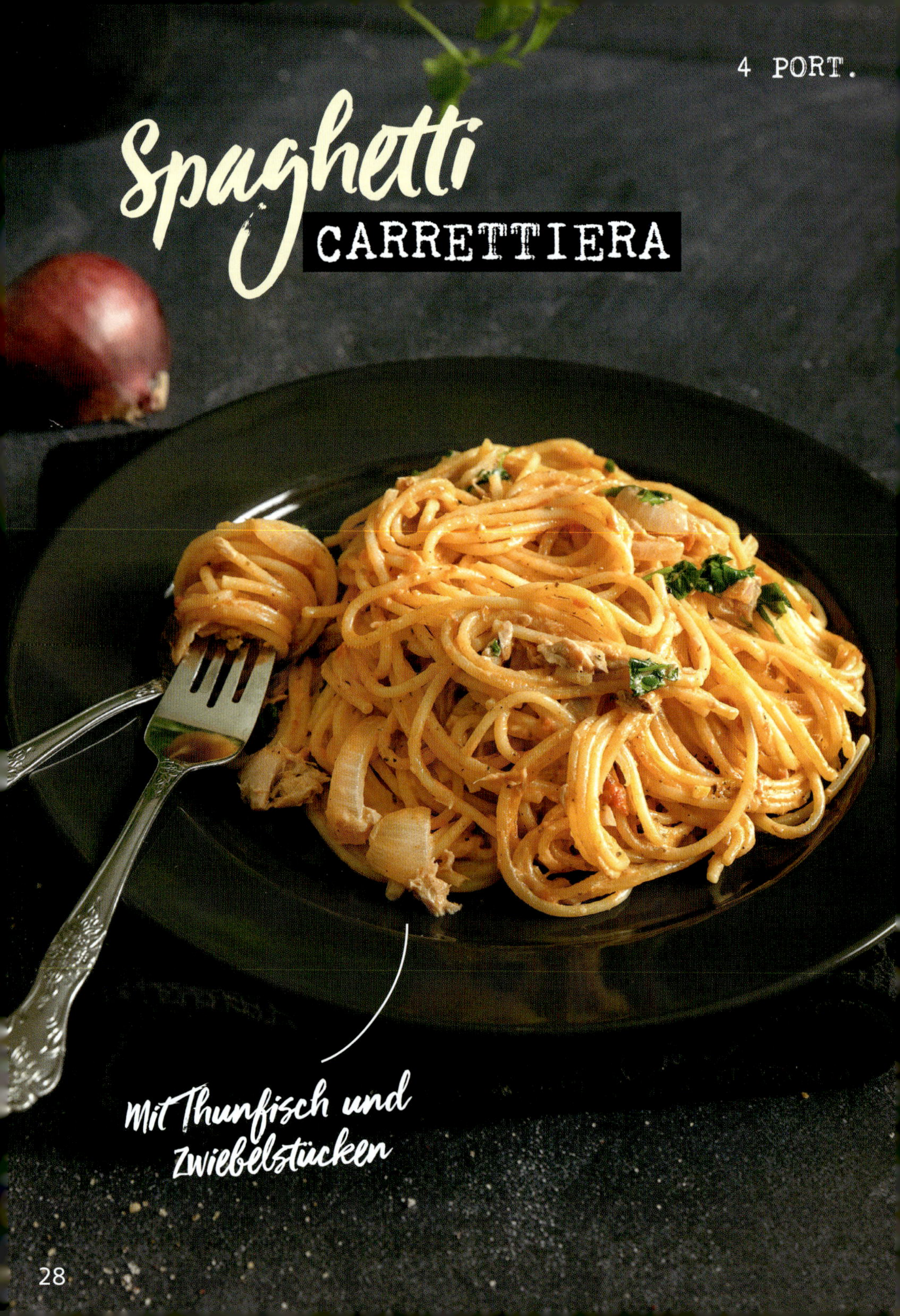

Mit Thunfisch und Zwiebelstücken

SPAGHETTI N.5
(Kochzeit 9 Min.)

ZUTATEN

1	rote Zwiebel
15 g	Öl
1 TL	brauner Zucker
650 g	Wasser, lauwarm
200 g	stückige Tomaten (Dose)
1 EL	Gemüsebrühpulver
1 TL	Salz
½ TL	Pfeffer, gem.
1 TL	ital. Kräuter, getr.
3 TL	Zitronensaft
1 Handvoll	Petersilie
350 g	Spaghetti (Kochzeit 9 Min.)
1 Dose	Thunfisch o. Öl (Abtr.gew. 140 g)
100 g	Crème fraîche

Da sich wenig Flüssigkeit im Mixtopf befindet, beträgt die Garzeit der Spaghetti tatsächlich 15 Min.!

ZUBEREITUNG

Zwiebel vierteln und in ca. 5 mm dicke Scheiben schneiden. In den Mixtopf geben. Öl und Zucker zugeben und **2 Min./120°C/ /Stufe 1** dünsten. Wasser, stückige Tomaten, Gemüsebrühpulver, Gewürze und Zitronensaft zugeben und **6 Min./100°C/ /Sanftrührstufe** aufkochen.
In der Zwischenzeit Petersilie grob hacken und in eine große Schüssel geben.

Nun den Messbecher abnehmen. Waage aktivieren und Spaghetti durch das Deckelloch einwiegen. **15 Min./100°C/ /Sanftrührstufe** einstellen und starten. Sobald die Spaghetti im Mixtopf verschwunden sind, Messbecher wieder einsetzen. In der Zwischenzeit Thunfisch abtropfen lassen und beiseitestellen.

Nach Garzeitende Thunfisch und Crème fraîche zugeben und erneut **1 Min./100°C/ /Sanftrührstufe** garen. Das Ganze nun in die Schüssel zur Petersilie umfüllen und sofort alles gut vermengen. Mit etwas Salz und Pfeffer und ggf. noch einmal Zitronensaft abschmecken und auf Tellern anrichten.

Pro Portion: 491 kcal | 69 g KH | 22 g EW | 13 g Fett

4 PORT.

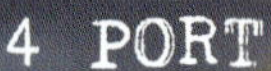

Tortiglioni DELLA NONNA

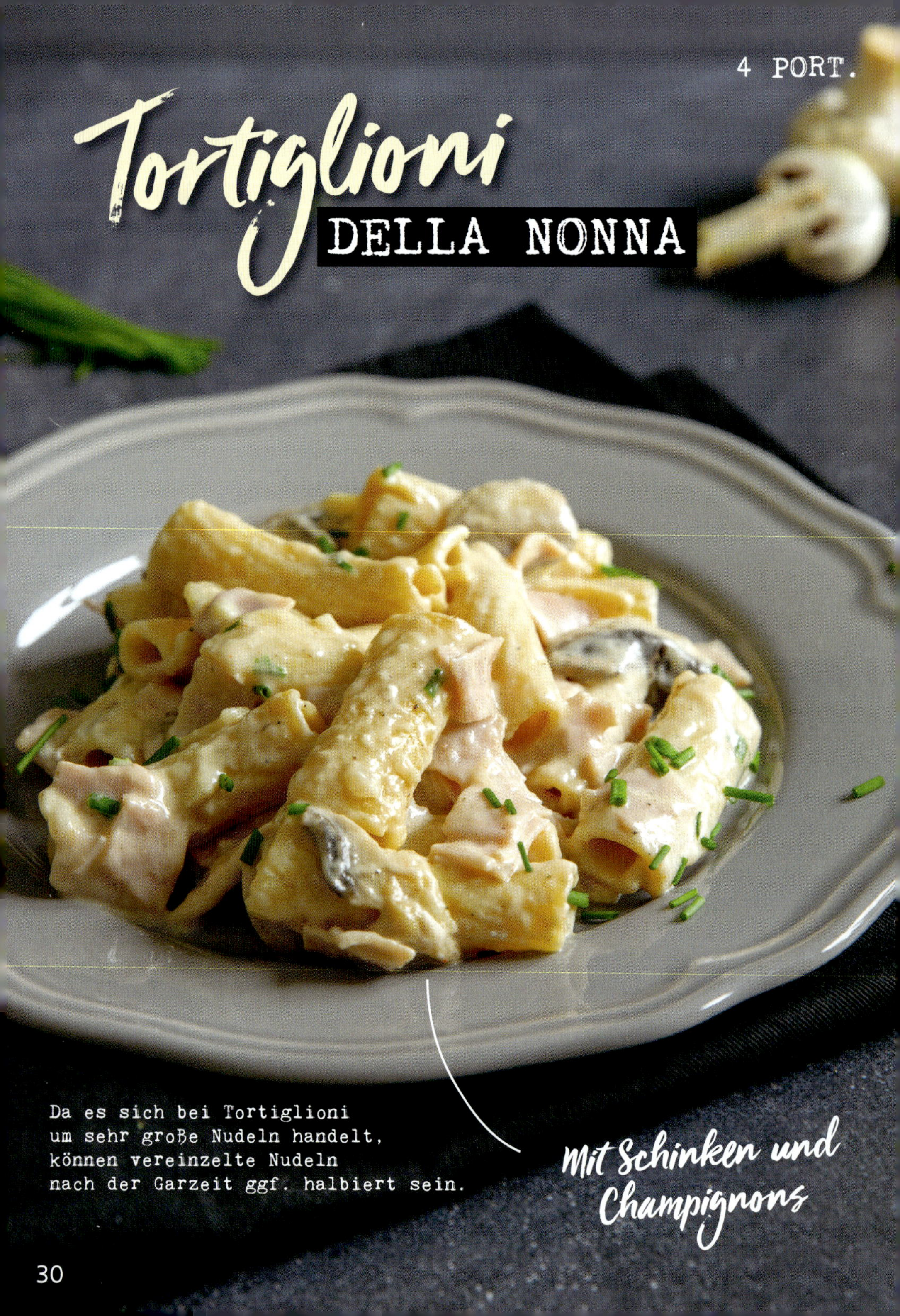

Da es sich bei Tortiglioni um sehr große Nudeln handelt, können vereinzelte Nudeln nach der Garzeit ggf. halbiert sein.

Mit Schinken und Champignons

ZUTATEN

30 g	Parmesan, in Stücken
½ Bd.	Schnittlauch
1	Knoblauchzehe
½	Zwiebel
15 g	Öl
100 g	Champignons
650 g	Wasser, lauwarm
100 g	Kochsahne, 50% weniger Fett
1 EL	Gemüsebrühpulver
1 TL	Salz
¼ TL	Pfeffer, gem.
¼ TL	Paprikapulver, edelsüß
2 Msp.	Muskat, gem.
300 g	Tortiglioni (Kochzeit 12 Min.)
200 g	Kochschinken
100 g	Mascarpone

ZUBEREITUNG

Parmesan im Mixtopf **10 Sek./Stufe 7** reiben. In eine große Schüssel umfüllen. Schnittlauch in Röllchen schneiden und zum Parmesan geben.

Knoblauch und Zwiebel in den Mixtopf geben und **5 Sek./Stufe 5** zerkleinern. Mit dem Spatel nach unten schieben. Öl zugeben und **3 Min./120°C/Stufe 1** dünsten. Champignons in Scheiben schneiden und zugeben. Wasser, Kochsahne, Gemüsebrühpulver und Gewürze hinzufügen und **6 Min./100°C/ ⟲ /Stufe 1** aufkochen.

Nudeln zugeben und **11 Min./100°C/ ⟲ /Sanftrührstufe** kochen. In der Zwischenzeit Schinken in Würfel schneiden.

Nach Ablauf der Zeit Schinken und Mascarpone zugeben, mit dem Spatel kurz vermengen und noch einmal **1 Min./100°C/ ⟲ /Stufe 0.5** erhitzen.

Sofort in die große Schüssel zu Parmesan und Schnittlauch umfüllen und mit dem Spatel noch einmal alles vermengen.

Pro Portion: 536 kcal | 58 g KH | 24 g EW | 22 g Fett

3 PORT.

Spaghetti GORGONZOLA

ZUTATEN

1	Knoblauchzehe
830 g	Wasser, lauwarm
1 TL	Öl
1 TL	Gemüsebrühpulver
1 TL	Salz
½ TL	Pfeffer, gem.
¼ TL	Muskat, gem.
350 g	Spaghetti (Kochzeit 11 Min.)
30 g	Walnusskerne
60 g	Gorgonzola, in Stücken
100 g	Kochsahne, 50% weniger Fett

SPAGHETTI
(Kochzeit 11 Min.)
Academia Barilla

Sie können auch normale Spaghetti N.5 verwenden. Die Garzeit können Sie dann von 17 Min. auf 15 Min. reduzieren.

ZUBEREITUNG

Knoblauch in den Mixtopf geben und **5 Sek./Stufe 5** zerkleinern. Wasser, Öl, Gemüsebrühpulver und Gewürze zugeben und **6 Min./100°C/Stufe 1** aufkochen.

Nun den Messbecher abnehmen. Waage aktivieren und Spaghetti durch das Deckelloch einwiegen. **17 Min./100°C/ ⟲ /Sanftrührstufe** einstellen und starten. Sobald die Spaghetti im Mixtopf verschwunden sind, Messbecher wieder einsetzen. Walnusskerne mit einem Messer grob hacken.

Nach Garzeitende Gorgonzola, Sahne und Walnüsse zugeben und erneut **1 Min./100°C/ ⟲ /Stufe 1** garen. Das Ganze nun in eine Schüssel umfüllen, nochmals vermengen. Ggf. mit etwas Salz noch einmal abschmecken und auf Tellern anrichten.

Pro Portion: 641 kcal | 84 g KH | 24 g EW | 22 g Fett

4 PORT.

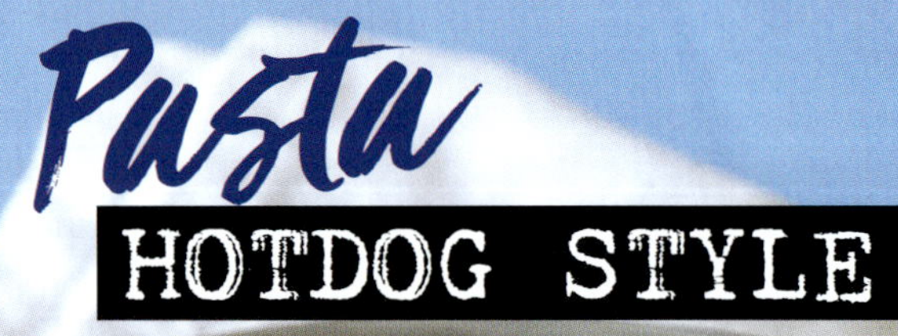

Pasta HOTDOG STYLE

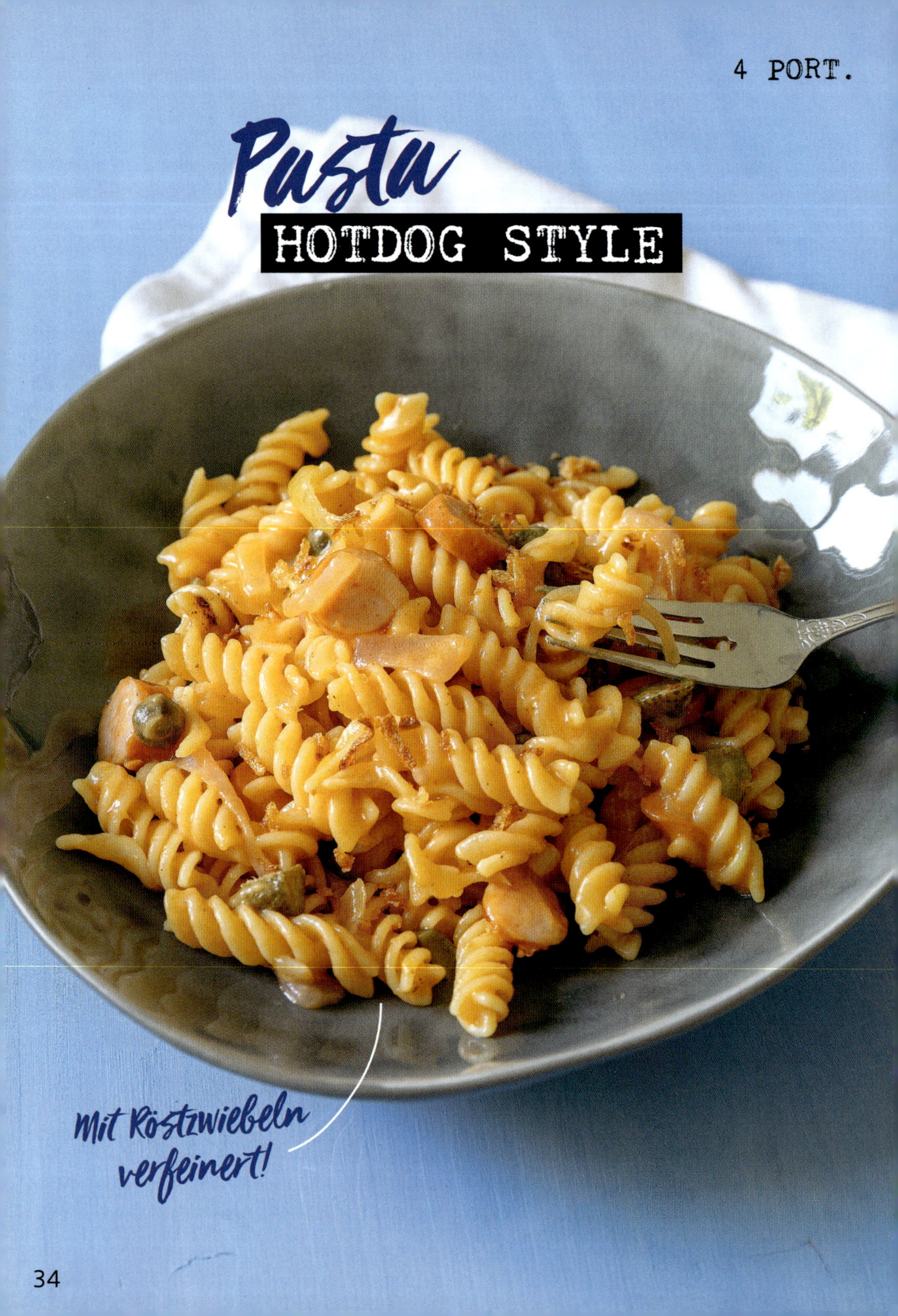

Mit Röstzwiebeln verfeinert!

ZUTATEN

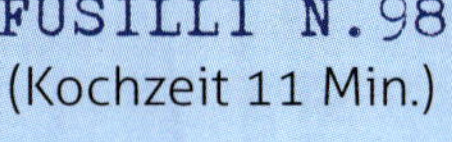

FUSILLI N.98
(Kochzeit 11 Min.)

1	rote Zwiebel
1	weiße Zwiebel
20 g	Öl
2 EL	Röstzwiebeln
550 g	Wasser, lauwarm
30 g	Tomatenmark
1 TL	Senf, mittelscharf
1 TL	Gemüsebrühpulver
1 TL	Salz
½ TL	Pfeffer, gem.
2 Msp.	Cayennepfeffer
300 g	Fusilli (Kochzeit 11 Min.)
2	Wiener Würstchen (100 g)
60 g	Cheddarkäse, in Scheiben
80 g	Cornichons

ZUBEREITUNG

Zwiebeln halbieren und in ca. 5 mm dicke Scheiben schneiden. In den Mixtopf geben. Öl und Röstzwiebeln zugeben und **5 Min./120°C/Stufe 1** dünsten.

Wasser, Tomatenmark, Senf, Gemüsebrühpulver und Gewürze zugeben und **6 Min./100°C/ /Sanftrührstufe** aufkochen.

Nudeln zugeben und **11 Min./100°C/ /Sanftrührstufe** kochen. In der Zwischenzeit Wiener in dünne Scheiben schneiden und Cheddarkäse klein würfeln. Cornichons in Scheiben schneiden.

Nach Ende der Garzeit Wiener und Cheddar zugeben, mit dem Spatel kurz vermengen und noch einmal **1 Min./100°C/ /Stufe 0.5** kochen. In eine Schüssel umfüllen und Cornichons unterrühren. Mit Röstzwiebeln bestreut servieren.

Pro Portion: 502 kcal | 62 g KH | 19 g EW | 19 g Fett

4-5 PORT.

Gemelli

MIT MOHNSOSSE

Mit Serrano Schinken

GEMELLI N.90
(Kochzeit 10 Min.)

ZUTATEN

30 g	Parmesan, in Stücken
700 g	Wasser, lauwarm
200 g	Kochsahne, 50% weniger Fett
3 EL	Mohn (30 g)
1 TL	Gemüsebrühpulver
1 TL	Salz
½ TL	weißer Pfeffer, gem.
100 g	Serrano Schinken
400 g	Gemelli (Kochzeit 10 Min.)
100 g	Mascarpone

ZUBEREITUNG

Parmesan im Mixtopf **10 Sek./Stufe 7** reiben.
In eine große Schüssel umfüllen.

Wasser, Sahne, Mohn, Gemüsebrühpulver, Salz und Pfeffer in den Mixtopf geben und **6 Min./100°C/Stufe 1** aufkochen. In der Zwischenzeit Schinken in Würfel schneiden und beiseitestellen.

Nudeln zugeben und **11 Min./98°C/ ↺ /Sanftrührstufe** kochen.

Nach Ablauf der Zeit Schinken und Mascarpone zugeben und noch einmal **1 Min./98°C/ ↺ /Stufe 1** erhitzen.

Sofort in die große Schüssel zum Parmesan umfüllen und mit dem Spatel noch einmal alles vermengen.

Pro Portion bei 4: 669 kcal | 77 g KH | 26 g EW | 28 g Fett

Maccheroni MIT CHILI-CHEESE-SOSSE

ZUTATEN

1	Knoblauchzehe
1	kl. Zwiebel, halbiert
1	rote Chilischote, entkernt
15 g	Öl
580 g	Wasser, lauwarm
100 g	Sahne
1 EL	Gemüsebrühpulver
1 TL	Salz
½ TL	Pfeffer, gem.
300 g	kurze Maccheroni (Kochzeit 7 Min.)
40 g	Sahneschmelzkäse
etwas	Cayennepfeffer

KURZE MACCHERONI N.44
(Kochzeit 7 Min.)

ZUBEREITUNG

Knoblauch, Zwiebel und Chilischote in den Mixtopf geben und **5 Sek./Stufe 5** zerkleinern. Mit dem Spatel nach unten schieben. Öl zugeben und **3 Min./120°C/ ↺ /Stufe 1** dünsten.

Wasser, Sahne, Gemüsebrühpulver, Salz und Pfeffer zugeben und **6 Min./100°C/ ↺ /Stufe 0.5** aufkochen.

Nudeln zugeben und **8 Min./98°C/ ↺ /Stufe 0.5** kochen. Sofort in eine große Schüssel umfüllen und Schmelzkäse unterrühren. Mit Cayennepfeffer abschmecken.

Wer mag, serviert noch Parmesan dazu.

Pro Portion: 555 kcal | 76 g KH | 15 g EW | 21 g Fett

4 PORT.

Älplermagronen

MIT ZWIEBELN UND SAUERRAHM

Zu Älplermagronen serviert man ganz klassisch Apfelmus. Probieren Sie es aus! Sehr lecker!

ZUTATEN

150 g	Bergkäse, in Stücken
150 g	Schmand
2	rote Zwiebeln (150 g)
20 g	Öl
1 EL	Röstzwiebeln
700 g	Wasser, lauwarm
100 g	Kochsahne, 50% weniger Fett
1 TL	Gemüsebrühpulver
1 TL	Salz
½ TL	Pfeffer, gem.
1 Msp.	Muskat, gem.
1	Kartoffel, vorw.festk. (ca. 150 g)
250 g	kurze Maccheroni (Kochzeit 7 Min.)

KURZE MACCHERONI N.44
(Kochzeit 7 Min.)

ZUBEREITUNG

Käse in den Mixtopf geben und **15 Sek./Stufe 5** reiben. In eine große Schüssel umfüllen. Schmand zum Käse geben.

Zwiebeln vierteln und in ca. 5 mm dicke Scheiben schneiden. In den Mixtopf geben. Öl und Röstzwiebeln zugeben und **5 Min./120°C/ ↺ /Stufe 0.5** dünsten. Wasser, Sahne, Gemüsebrühpulver und Gewürze zugeben und **5 Min./100°C/ ↺ /Stufe 0.5** aufkochen.
In der Zwischenzeit Kartoffel in kleine Würfel schneiden.

Kartoffelwürfel und Nudeln zugeben und **9 Min./100°C/ ↺ /Stufe 0.5** kochen. Zum Käse und Schmand in die Schüssel geben und mit dem Spatel gut vermengen. 2-3 Min. ziehen lassen und ggf. noch einmal mit etwas Salz und Pfeffer abschmecken. Mit Röstzwiebeln bestreut servieren.

Pro Portion: 610 kcal | 57 g KH | 21 g EW | 33 g Fett

4 PORT.

Bavette FANTASTICO

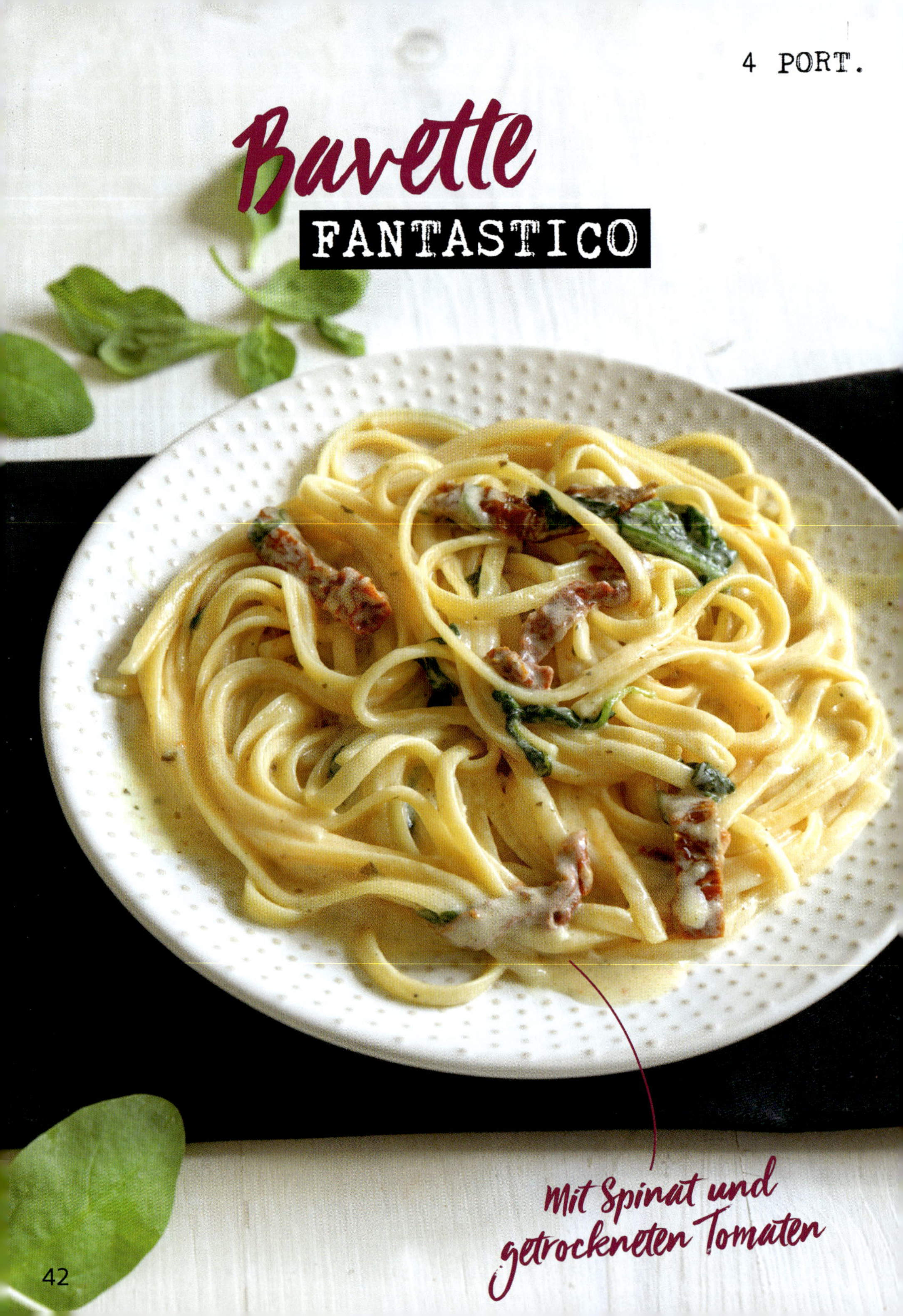

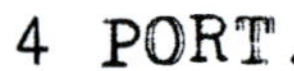

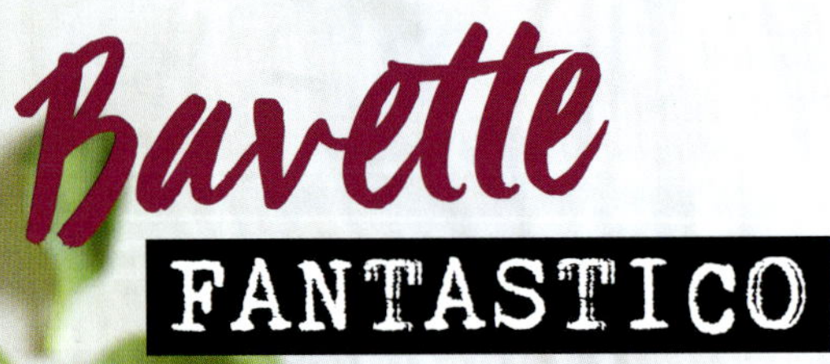

Mit Spinat und getrockneten Tomaten

ZUTATEN

60 g Parmesan, in Stücken
50 g getrocknete Tomatenstreifen, in Öl
2 Knoblauchzehen
650 g Wasser, lauwarm
1 TL Öl
150 g Kochsahne, 15% Fett
1 EL Gemüsebrühpulver
1 TL Salz
300 g Bavette (Kochzeit 8 Min.)
1 Handvoll Spinatblätter (30 g)
25 g Weißwein, trocken
100 g Crème fraîche

ZUBEREITUNG

Parmesan im Mixtopf **10 Sek./Stufe 7** reiben. In eine große Schüssel umfüllen. Getrocknete Tomatenstreifen abtropfen lassen und zum Parmesan geben.

Knoblauch in den Mixtopf geben und **5 Sek./Stufe 6** zerkleinern. Wasser, Öl, Sahne, Gemüsebrühpulver und Salz zugeben und **6 Min./100°C/Stufe 1** aufkochen.

Nun den Messbecher abnehmen. Waage aktivieren und Bavette durch das Deckelloch einwiegen. **9 Min./100°C/ ↺ /Stufe 0.5** einstellen und starten. Sobald die Nudeln im Mixtopf verschwunden sind, Messbecher wieder einsetzen. Weiter garen.

Nach Garzeitende Spinat, Weißwein und Crème fraîche zugeben und **2 Min./100°C/ ↺ /Stufe 0.5** vermengen. Zum Parmesan und den getrockneten Tomaten in die Schüssel geben, gut vermengen und 2-3 Min. ziehen lassen. Noch einmal durchmischen und servieren.

Pro Portion: 510 kcal | 58 g KH | 17 g EW | 22 g Fett

4 PORT.

Tex-Mex PASTA

Mit Hack, Bohnen und Mais

FUSILLI N.98
(Kochzeit 11 Min.)

ZUTATEN

1	Knoblauchzehe
1	kl. Zwiebel (40 g)
20 g	Öl
250 g	Hackfleisch, gemischt
etwas	Salz & Pfeffer
550 g	Wasser, lauwarm
200 g	stückige Tomaten (Dose)
1 TL	Gemüsebrühpulver
1 ½ TL	Salz
½ TL	Cayennepfeffer
¼ TL	Kreuzkümmel, gem.
1 TL	Paprikapulver, edelsüß
½ TL	Koriander, gem.
½ TL	Chiliflocken
250 g	Fusilli (Kochzeit 11 Min.)
1 kl. Dose	Kidneybohnen (Abtr.gew. 125 g)
1 kl. Dose	Goldmais Mexiko Mix (Abtr.gew. 135 g)
40 g	Tomatenmark (ca. 2 EL)

ZUBEREITUNG

Knoblauch und Zwiebel in den Mixtopf geben und **5 Sek./Stufe 5** zerkleinern. Öl in den Mixtopf geben und **1 Min./Varoma/Stufe 1** erhitzen. Hackfleisch mit Salz und Pfeffer würzen, zugeben und **2 Min./Varoma/ /Sanftrührstufe** garen.

Wasser, stückige Tomaten, Gemüsebrühpulver und Gewürze zugeben und **5 Min./100°C/ /Sanftrührstufe** aufkochen.

Nudeln zugeben und **12 Min./100°C/ /Stufe 0.5** kochen.

Bohnen und Maismix in einem Sieb unter laufendem Wasser waschen. Nachdem die Nudeln gar sind, Bohnen und Maismix zugeben, mit dem Spatel vermengen und erneut **1 Min./100°C/ /Stufe 0.5** erhitzen. In eine Schüssel umfüllen, Tomatenmark unterrühren, fertig!

Pro Portion: 523 kcal | 59 g KH | 25 g EW | 19 g Fett

3 PORT.

Spaghettini ASIA STYLE

SPAGHETTINI N.3
(Kochzeit 5 Min.)

ZUTATEN

1 kl. Stück Ingwer (5 g)

1	rote Chilischote, entkernt
1	Knoblauchzehe
50 g	Karotte
60 g	Zucchini
50 g	Paprika
650 g	Wasser, lauwarm
1 EL	Gemüsebrühpulver
300 g	Spaghettini (Kochzeit 5 Min.)
50 g	Sojasauce
1 EL	Öl
1 TL	Salz
½ TL	Currypulver
½ TL	Koriander, gem.
½ TL	Paprikapulver, rosenscharf
3	Frühlingszwiebeln
1 TL	Reisessig
1 TL	Zitronensaft

ZUBEREITUNG

Ingwer, Chili und Knoblauch in den Mixtopf geben und **8 Sek./Stufe 6** zerkleinern. Karotte, Zucchini und Paprika in Stücken zugeben und **5 Sek./Stufe 5** zerkleinern. Mit dem Spatel nach unten schieben. Wasser und Gemüsebrühpulver zugeben und **10 Min./100°C/Stufe 1** kochen.

Spaghettini in der Mitte durchbrechen und in den Mixtopf stellen. Sojasauce, Öl und Gewürze zugeben. Das Ganze **9 Min./100°C/ ↺ /Stufe 0.5** kochen.

In der Zwischenzeit Frühlingszwiebeln in Ringe schneiden und in eine große Schüssel geben. Gegarte Nudeln aus dem Mixtopf zu den Frühlingszwiebeln geben, Reisessig, und Zitronensaft zugeben und alles gut vermengen.

Pro Portion: 447 kcal | 80 g KH | 16 g EW | 5 g Fett

Make your own ONE POT PASTA

Um eigene One-Pot-Pasta-Rezepte kreieren zu können, haben wir hier ein paar Basics zusammengestellt, die als Leitfaden dienen können:

1 Soßenzutaten

Zuerst z.B. Knoblauch, Zwiebel, Kräuter, Paprika oder sonstiges Gemüse entweder **5 Sek./Stufe 5** zerkleinern oder von Hand klein schneiden und dann mit 1-2 EL Öl im Mixtopf **3 Min./120°C/ ↺ /Sanftrührstufe** dünsten.

2 Nudelwasser

Jetzt kommt die Flüssigkeit sowie die Gewürze mit in den Mixtopf. Hier eine Übersicht, wie viel Flüssigkeit zum Kochen der Nudeln benötigt wird.

Die Flüssigkeit wird **ca. 5-6 Min./100°C/ ↺ / Sanftrührstufe** aufgekocht.

LANGE NUDELN

Nudelmenge:		Flüssigkeit:
300 - 350 g	⇒	800 g

ALLE ANDEREN NUDELN

Nudelmenge:		Flüssigkeit:
250 g	⇒	550 g
300 g		650 g
350 g		750 g
400 g		850 g

zur Flüssigkeit:

Als Flüssigkeit verwenden Sie z.B. Wasser, flüssige Gemüsebrühe, einen Schuss Weißwein dazu, passierte Tomaten oder Sahne. Bitte beachten Sie, dass der Wasseranteil deutlich überwiegen muss, z.B. 400 g Wasser + 250 g passierte Tomaten.